Lourdes Miquel / Neus Sans

Vacaciones al sol

Upper Saddle River
New Jersey 07458

© Lourdes Miquel y Neus Sans
   Difusión, Centro de Investigación y Publicaciones de Idiomas, S.l
   Barcelona, Spain

Diseño de la colección y cubierta: Àngel Viola

ISBN: 0130993840
Depósito Legal: M-25321-1994
Printed in Spain by Raro, S.L.
Distributed in North America by Prentice Hall

En esta historia vas a conocer a...

Lola Lago: jefa de una agencia de detectives en Madrid. Quiere irse de vacaciones a la Costa Brava pero allí va a tener un trabajo peligroso.

Paco (o Francisco) y Miguel: son los socios de Lola. Son muy amigos suyos y muy buenos detectives pero, a veces, llegan demasiado tarde.

Elisa: es una vieja amiga de Lola. Ahora vive en la Costa Brava, tiene un restaurante y quiere volver a ver a Lola.

Ingvar: es el marido de Elisa. Es danés y pianista.

Max: es el hijo de Elisa e Ingvar.

Magnus Nilsson: es sueco y quiere jubilarse en la Costa Brava. Ha comprado una casa y necesita una detective.

Gutiérrez, Alarcón, Pijuán, Jimmy: son los nombres de algunos vendedores de casas bastante peligrosos.

5

1

En el centro de Madrid, en la calle Alcalá (1), hay una pequeña agencia de detectives privados. La directora es una mujer, Lola Lago. Lola tiene dos socios, Paco y Miguel, una secretaria, Margarita, y un chico para todo, Feliciano. La agencia está en un piso viejo, en un edificio antiguo. Es como la oficina de Humphrey Bogart en una película de los años 40.

–¡Margarita! ¡Margarita! ¡Margariiiiiiiiiiiita, por favor! –grita Lola.

Margarita, la secretaria, entra en la oficina de Lola.

–El dossier del caso Sánchez, ¿dónde está el dossier del caso Sánchez...? En esta oficina no se encuentra nada...

–Allí –dice tranquilamente Margarita, la secretaria.

–¿Allí, qué, Srta. Margarita? –Lola sólo llama a Margarita Srta. Margarita cuando está muy enfadada (2).

–Allí está el dossier del caso Sánchez, encima de tu mesa. ¿Estás de mal humor, Lola?

El dossier está efectivamente en su mesa, debajo de unas cartas. Lola cambia de tema.

–¿Ya han llegado mis *queridos* socios?

–No, *sólo* son las diez... –dice irónicamente Margarita, con el acento sobre la palabra «sólo».

Paco y **Miguel** son muy buenos detectives y muy buenos amigos de Lola. Pero siempre llegan tarde.

2

Lola mira el dossier del caso Sánchez. La agencia de detectives tiene problemas y son unos días malos para Lola. No hay ningún caso nuevo, ningún cliente... Nada. «¿Todo funciona bien en Madrid? ¿Nadie necesita un detective? ¿Nadie pierde a su mujer o a su marido? ¿Nadie roba las joyas de la abuela? ¿Nadie quiere espiar a nadie...?», se pregunta Lola.

Además, ahora tienen en la agencia una inspección fiscal. Por eso, Lola necesita los documentos del caso Sánchez. Falta la factura. Y el Inspector del Ministerio de Hacienda quiere ver esa factura... En el dossier no hay ninguna. Hay cartas, hay fotos de la Sra. Sánchez en bikini en Mallorca con su amante y... nada más. Ninguna factura.

—¡Margarita! ¡Margariiiiiiiiiiita, por favor! —grita Lola. Pero Margarita no responde. Está hablando por teléfono con Tony, su novio.

3

A las once entran en la oficina Paco y Miguel, los socios de Lola. Entran hablando, contentos, riéndose. Han tomado un café en el bar de al lado (3) y han leído un poco «El País» (4).

—Buenos días, *queridos* colegas —dice Lola desde su despacho.

—Buenos días, nena —responde Paco.

—No me llames «nena» (5), no me gusta. No lo soporto.
Y menos hoy...

—¿Pasa algo? ¿O simplemente estás de mal humor...?

— ¿Que si pasa algo? ¡No tenemos ni un cliente, ni una
llamada, ni una peseta en la cuenta del banco y..., y...! ¡Y una
inspección fiscal!

—Qué raro... Pagamos todos los impuestos. ¿O no? (6)
—dice Miguel con cara de ángel.

—Sí, pagamos los impuestos. Pero no sólo hay que ser
bueno, hay que parecerlo (7). Y no encuentro la factura del
caso Sánchez.

— Está en mi mesa, creo. A ver... Sí, mira, aquí está.
Tranquila... ¿Ya estás mejor? —dice Paco.

—No —responde Lola y se va a su despacho.

Paco tiene que hablar con Lola. Quiere decirle que esta
tarde no va a venir a la oficina. Si no hay trabajo... Además, ha
conocido a una mujer fantástica: Annette. Es holandesa y
estudia español en Madrid. Paco siempre se enamora de chicas
extranjeras. Siempre piensa que son el amor de su vida. Es
gordito, un poco calvo pero tiene mucho éxito con las mujeres
porque es muy simpático. «Voy a hablar más tarde con Lola.
Ahora no es el mejor momento.», piensa Paco.

4

A las doce suena el teléfono. ¿Un nuevo cliente?

—Lola, una llamada para ti. Elisa —dice Margarita y le pas

la llamada.

—¿Elisa? ¿Qué Elisa?

—Ni idea... —dice Margarita, muy seria. Está todavía un poco enfadada con Lola.

—Sí, dígame.

—Lola, guapa, ¿qué tal? ¿Ya no te acuerdas de mí?

—¡Elisa! ¡Elisa Prado! ¡No es posible! ¿Qué tal? ¿Cómo te va? ¡Cuánto tiempo!

Elisa es una compañera de Lola, del colegio y de la Facultad, la mejor amiga de su época de estudiante. Elisa ha sido una persona muy importante en la vida de Lola. Juntas, han descubierto la vida: la amistad, los primeros novios, el amor, la política, la literatura, el arte... Pero los últimos años no se han visto. Elisa ha estado unos años en el extranjero.

—¿Dónde vives ahora, Elisa? Tengo muchas ganas de verte.

—Por eso te llamo. Estoy en España. Vivo en Cataluña, en la Costa Brava (8). Ingvar y yo hemos comprado un pequeño restaurante.

—¿Ingvar? ¿Quién es Ingvar?

—Ah, no lo sabes... Me he casado. Bueno, hace ya siete años. Ingvar es mi marido. Es danés. Y tenemos un niño, Max...

—No me digas. Dios mío, ¡cómo pasa el tiempo!

—Mira, te he llamado porque quiero verte. ¿Por qué no vienes unos días aquí? Hace muy buen tiempo. Te puedes bañar y tomar el sol, descansar, comer bien y... y podemos hablar horas y horas. Podemos explicarnos lo que ha pasado estos últimos diez años. ¿Qué te parece?

–Es que el trabajo... –empieza a decir Lola.

Paco está delante de la mesa de Lola, la mira y dice que no con la cabeza.

–Vete de vacaciones –dice bajito–. Vete tranquila.

–Pues vale, de acuerdo. ¿Cuándo? –dice Lola.

–¿Mañana? Piensas venir en avión, ¿no?

–Sí, claro...

–Entonces nos vemos mañana.

–¿Dónde nos encontramos?

–Te vamos a buscar al aeropuerto de Barcelona. Me llamas para decirme en qué vuelo llegas.

–Muy bien, ¿me das el número?

–Es el 972 de Gerona, y, luego, 34.17.65. Vivimos en Tossa de Mar (9). Te va a gustar.

–Me apetece mucho verte.

–A mí también.

–Y ver el mar...

Lola cierra los ojos y piensa en el Mediterráneo. En Tossa de Mar. En un viejo amor y en un fin de semana en la Costa Brava hace muchos años. Piensa en una canción de Joan Manuel Serrat (10) y se pone un poco triste. Es una romántica...

5

Lola está ahora de muy buen humor. Recoge su bolso, su chaqueta y sus cosas cantando.

–Me voy a la Costa Brava –dice a sus colegas.

–¿Qué?¿Tenemos un nuevo caso en la Costa Brava? –pregunta Miguel.

–No, Miguel, *yo* me voy de vacaciones, ¿entiendes? ¡De vacaciones! Ah, y dile al Inspector de Hacienda que vuelvo la semana que viene. Confío en vosotros, chicos. Y sale dando un golpe fuerte en la puerta.

Todos se quedan un momento en silencio, mirando la puerta cerrada. Luego Margarita dice:

–¡Qué bien! ¡Qué suerte!

–¿Lola?

–No, hombre, *nosotros*... Aquí también vamos a descansar sin ella.

Todos se ríen: saben que es broma. Todos quieren mucho a Lola y saben que necesita unos días de vacaciones. Pero no saben todavía que Lola sí va a trabajar en la costa en un nuevo caso. Lola tampoco lo sabe todavía...

6

En el aeropuerto de Barajas (11) hay mucha gente. «Es junio y llegan muchos turistas», piensa Lola. También Lola parece una turista con su cámara de fotos. Se ha comprado ropa nueva de verano y está muy guapa.

En la sala de espera del Puente Aéreo (12) hay muchísima gente, pero especialmente ejecutivos.

Cuando Lola va a facturar su maleta, la azafata de Iberia (13) le dice:

–Lo siento, señorita, pero hay huelga de controladores y

no sabemos a qué hora va a salir el vuelo.

«Esperar en un aeropuerto es horrible», piensa Lola. Pero no puede hacer nada. Compra unas revistas, una cerveza y se sienta a esperar.

A su lado hay un señor extranjero. «Un nórdico, un sueco o un noruego», piensa Lola. Es un hombre de unos 60 años, con el pelo blanco. Tiene unos bonitos ojos grises. «Atractivo, maduro y preocupado», piensa Lola. «Tiene los ojos tristes», piensa también. Por su profesión, Lola siempre observa a la gente. Quiere saber qué les pasa y por qué.

Un rato después hay un nuevo aviso de Iberia:

«La compañía Iberia comunica a los pasajeros con destino a Barcelona que todos los vuelos quedan temporalmente cancelados.»

–¿Cancelados? ¿Todos los vuelos? No puede ser. ¡Es increíble! –Lola se levanta de su asiento, habla con el señor extranjero. Le dice que España es un país horrible, que todo funciona mal. Es algo que siempre dicen los españoles en estos casos. El señor extranjero se ha quedado sentado tranquilamente. El anuncio de Iberia sigue: «Los pasajeros van a ser trasladados a Barcelona en autobús».

–¿En autobús? Dios mío... Es un viaje de 9 ó 10 horas... –dice Lola al señor extranjero.

–No, no, de unas 6 ó 7 –contesta él.

–¿Usted va a ir en autobús? – le pregunta Lola. «En estos casos es mejor tener un compañero de viaje. Y este señor parece amable», piensa Lola.

Empiezan a hablar, se presentan y van juntos a buscar las

maletas. Él es muy alto y Lola muy bajita. Él se llama Magnus Nilsson y es sueco, de Gotemburgo. Es ingeniero y dice que está de vacaciones en España. Pero Lola no lo cree. Le ha observado bien: está demasiado preocupado para estar de vacaciones. Los detectives son también un poco psicólogos.

7

En el mostrador de Iberia les espera una nueva sorpresa desagradable: las maletas van directamente a Barcelona. Seguro que se pierden.», piensa Lola. «¡Mi ropa nueva de verano...! Mi ropa se va a ir a Buenos Aires, o a Kuala Lumpur.»

Lola sube al autobús y empieza el viaje. Nilsson se ha sentado al lado de Lola y hablan un poco más. Habla un español bastante bueno.

–He estudiado español bastantes años y tengo algunos amigos chilenos, que viven en Suecia. Algunos son profesores de español –le explica Magnus Nilsson a Lola.

Luego hablan un poco de la situación económica y política en Suecia y en España, de literatura, de cine. Nilsson es un hombre culto y agradable. «Si fuera más joven...», piensa Lola un momento. Y mira el gris profundo de los ojos de su compañero de viaje. ¿Es soltero? ¿Casado? ¿Divorciado? O viudo...

El viaje es agradable: el paisaje es muy variado entre Madrid y Barcelona (14). Hay muy pocos coches (15). Nilsson lee una novela y Lola duerme un poco. Está muy cansada.

Demasiadas preocupaciones en la oficina. «Unas vacaciones son la solución», piensa.

8

Cuando llegan a Barcelona, ya son las 19h. «Demasiado tarde para ir a Tossa», piensa Lola. Llama por teléfono a Elisa y le dice que llega al día siguiente. Tiene ganas también de dar un paseo por la ciudad. No ha visitado Barcelona desde antes de las Olimpíadas (16) y hay muchas cosas nuevas.

Al llegar al aeropuerto de Barcelona, las maletas están allí, al lado del autobús. «¡Qué raro! Ha funcionado », piensa Lola.

Lola y Nilsson se dicen adiós. Nilsson le ha explicado a Lola que va a un pueblo de la Costa Brava.

Lola ve como Nilsson va hacia la parada de taxis en el aeropuerto de El Prat (17). Anda lentamente. «Está preocupado por algo», piensa Lola. «Quizá necesita un detective... «No, no, qué tontería. Además, ¡estoy de vacaciones!, ¡fuera problemas...!»

9

También Lola toma un taxi.

–Al Hotel Colón, por favor –dice al taxista.

Es un viejo hotel, frente a la Catedral, en el Barrio Gótico

(18). A Lola le gusta mucho. Es un poco caro pero siempre que puede va a este hotel.

El sol se está poniendo: y Lola mira las calles de la ciudad. Entran por el puerto, por las Ramblas (19)... Todo es *muy* mediterráneo.

Llegan al hotel poco después. Lola pide una habitación con vistas a la catedral. Sube y se da un buen baño. Le gusta mucho estar en un hotel, mejor dicho, en un buen hotel.

Después, se pone uno de los vestidos nuevos, un vestido rojo. Se pinta un poco los ojos, se mira en el espejo. «He engordado», piensa. Luego, baja al bar del hotel para tomarse un Dry Martini con muchas patatas fritas.

10

Lola pide su Dry Martini, lee un poco el periódico y se come un plato de patatas fritas. De pronto, una sorpresa: Nilsson, el sueco del aeropuerto, entra en el bar.

–¡Qué casualidad ! ¿Qué hace usted aquí?

–Nada, paso una noche en Barcelona. Siempre vengo a este hotel –dice Nilsson.

–Yo también.

–Una cerveza, por favor –pide Nilsson a un camarero.

Los dos están contentos y empiezan a hablar.

–¿Está cansada? –pregunta Nilsson.

–No, ¿por qué? –responde Lola.

–¿Vamos a cenar por ahí? –dice Nilsson, tímidamente.

–Muy buena idea. Conozco un sitio muy bueno, no muy lejos.

–Perfecto.

Unos minutos después, sale del hotel una curiosa pareja: un hombre muy alto, con el pelo blanco, que habla poco y lentamente y una mujer muy bajita, muy morena y que habla todo el tiempo. Son Nilsson y Lola, que se van a cenar.

11

Van a un restaurante en el puerto.

–¿Le gusta el marisco? –pregunta Lola–. Aquí las gambas (20) son muy buenas. Y el pollo con langosta (21), también.

–¿Pollo con langosta? Nunca lo he probado.

–Pues es buenísimo, delicioso. ¿Dos de pollo con langosta y un vino blanco bien fresco?

–De acuerdo.

Comen muy bien. Después de cenar, se quedan callados y serios unos segundos. Demasiado tiempo sin hablar para una española (22).

–¿Está preocupado por algo? –le pregunta Lola muy directamente.

–Sí...Y se lo voy a contar. Yo soy viudo, y voy a jubilarme el año que viene. Quería tener una casa en España para el invierno..., aquí, en la Costa Brava.

Y Nilsson explica a Lola una triste historia: un día Nilsson ve un anuncio en un periódico:

A Nilsson le interesa el anuncio. Conoce Tossa de Mar y le gusta. Es un pueblo muy bonito y bastante tranquilo. Escribe y rápidamente recibe una respuesta: fotos y planos de las casas. El precio es muy interesante.

En esa época Nilsson tiene mucho trabajo. Tiene que hacer un viaje de negocios a Madrid y organiza una cita con "Fincabrava, S.L." (23). Se encuentra con Esteban Gutiérrez Solís, el gerente. Le recibe en la oficina de un tal Sr. Pijuán, notario. Firma papeles y paga algunos millones de pesetas. Dos meses después, decide visitar su casa. Pero la casa no existe. Nadie conoce, en Tossa, Fincabrava ni a Esteban Gutiérrez. Todo es falso. Y Nilsson ha perdido todo su dinero ahorrado.

12

–Eso es todo –dice Nilsson para terminar–. No tengo casa en España, no tengo ahorros... Por eso estoy preocupado.

«Es una historia terrible...», piensa Lola. No sabe si decirle que es detective y que le puede ayudar.

–¿Qué va a hacer ahora?

–Vuelvo a Tossa. Quiero buscar más información. Voy a encontrar a ese Gutiérrez.

–¿Solo o con la policía? –pregunta Lola.

–Ya he hablado con la policía. Dicen que tenemos poca información, que es un caso muy difícil... Excusas...

–¿Hay otros casos?

–Sí, creo que sí. Ingleses, especialmente, algún alemán..., algún holandés–. Yo también voy a Tossa. Si necesita ayuda... –dice Lola.

Y le da una tarjeta:

Lola Lago
Detective Privado

C/ Alcalá, 38
28005 MADRID
Tel. (91) 366 11 22
Fax. (91) 366 11 23

–¿Usted es detective?

–Sí, tengo una agencia en Madrid, con dos socios.

–¿Quiere trabajar para mí?

"¡Estoy de vacaciones!", piensa Lola pero dice:

–Sí, claro que sí. ¿Por dónde empezamos?

–Voy a la habitación a buscar los documentos.

13

El miércoles por la mañana Lola llega a Tossa. Nilsson y ella han alquilado un coche.

Elisa e Ingvar, su marido, tienen un pequeño restaurante muy bonito en la parte antigua del pueblo, encima de la bahía, al lado de la muralla. Es una casa de piedra con muchas flores: margaritas, rosas, geranios... Abajo se ve el mar.

Elisa y Lola están muy contentas y se dan besos (24). Luego vienen las presentaciones:

–Éste es Magnus Nilsson... Elisa... –y se dan la mano.

–Tu...

–No, un amigo.

–Mi marido ha salido –dice Elisa–. Ha ido a llevar al niño a la escuela y a comprar. Viene enseguida –explica Elisa.

14

Nilsson dice que va a dar un paseo. Así las dos amigas pueden hablar.

–¿Quién es? ¿Quién es? –pregunta Elisa–. ¿Es tu... tu novio, tu marido, tu «manager»...? –Elisa siempre ha sido muy curiosa–. Es un poco mayor para ti pero...

–Nada, no es nada mío. Es un cliente.

–¿Cómo?

–Sí, sólo un cliente. Trabajo para él.

–¿Cómo detective? Pero... ¿no estás de vacaciones?

–Sí, pero...

–¿Y qué problema tiene Nilsson?

–Ha comprado una casa aquí en Tossa. Pero la casa no existe.

–No entiendo nada. Si no existe, ¿por qué la ha comprado?

–Le han robado, mujer, estafado... Ha comprado la casa desde Madrid, no la ha visto. Sólo ha visto fotos y planos. Fotos falsas y planos falsos, claro.

– Dios mío... Pobre hombre...

–Y ahora busca a los que le han robado su dinero. Yo le voy a ayudar.

–¡Qué trabajo tan interesante!

Luego Lola le explica más cosas del caso. La cita en Madrid en casa del falso notario, la reacción de la Policía, cómo conoció a Nilsson en el aeropuerto, etc.

Elisa se queda pensando y dice:

–¡Tengo una idea! Manolo Vallés, un amigo nuestro,

La Costa Brava

trabaja en negocios inmobiliarios. Conoce a todo el mundo. Él vive en Playa de Aro (25), a unos 35 Km. de aquí. Podemos ir a verlo o llamarlo.

–Muy buena idea. Esta tarde, quizá. Y tú, explícame, ¿cómo estás?

–Muy bien, muy contentos de estar aquí. Bueno, siempre hay algunos problemas, claro... Ingvar es músico, pianista. Y no tiene trabajo. Pero le gusta trabajar en el restaurante. Y por la noche toca para los clientes. Max, el niño, es muy feliz aquí. Para él ha sido un poco más difícil, sus amigos de Copenhague, su escuela... Pero ahora está muy bien... Bueno..., y ahora vamos a ver tu habitación.

15

Es una habitación pequeña pero muy bonita. Hay una ventana pequeña y se ve el mar. Lola se sienta un momento en la cama y mira por la ventana. No está de vacaciones pero ya está mucho mejor. Piensa en el caso Nilsson. Hay que empezar a trabajar. «No puedo quedarme muchos días en la Costa Brava», piensa Lola. Luego decide llamar a Madrid y hablar con los chicos.

El teléfono de la oficina comunica. Margarita está hablando con su novio. Como siempre que hay una llamada importante. Finalmente puede hablar con Paco.

–Paco, necesito varias cosas.

–¿Un bañador, una crema para el sol...?

–Noooooo... Tengo un cliente.

–¿Pero no estás de vacaciones?

–Sí, pero he encontrado un nuevo cliente, por casualidad

–¡Qué bien!

Lola le explica un poco el caso Nilsson y le dice a Paco.

–Ve a esta dirección: López de Hoyos, 142, 3°A (26). Es la oficina donde Nilsson firmó el contrato falso. A ver qué saben allí. Por fax te mando más información, ¿vale?

16

Lola, Elisa y Nilsson están sentados en la terraza del restaurante. Hace muy buen tiempo y Lola se siente bien.

–Mira, ya llega Ingvar –dice Elisa.

El marido de Elisa viene del mercado. Lleva fruta, verdura, pescado... Tiene unos cuarenta años, es alto, rubio y lleva barba. «Tiene cara de buena persona», piensa Lola.

Elisa los presenta y, naturalmente, vuelve a explicar a su marido la historia de la casa de Nilsson.

Ingvar ha visto muchas películas policíacas y está muy contento de tener un detective en su casa.

–¡Qué interesante! –dice– ¿Y qué vais a hacer ahora?

–Ahora vamos a comer –corta Elisa–. Hoy hay paella (27). ¿Os gusta la paella?

–Mmmmmmm.......A mí me gusta mucho –dice Lola. Lola no quiere engordar pero le gusta mucho comer bien.

–¿Y Max? –pregunta Elisa, que tiene ganas de conocer al niño.

–Se queda a comer en la escuela (28) –contesta Ingvar–

23

Al mediodía nosotros tenemos mucho trabajo.

Los clientes ya están llegando. En «Calelisa», como se llama el restaurante, se come muy bien y hay siempre mucha gente.

Elisa e Ingvar se van a la cocina y Nilsson y Lola se quedan hablando.

17

–Tengo un plan –dice Lola–. Vamos a publicar un anuncio en el periódico. Vamos a decir que queremos comprar casas en la Costa Brava. A lo mejor Gutiérrez lo ve y quiere vendernos algo... Lola escribe un texto en un papel.

Profesional escandinavo quiere invertir en la Costa Brava. Ponerse en contacto con: FRANCISCO MUÑAGORRI
Tel. (91) 366 11 22
Fax (91) 366 11 23

Nilsson lee el texto.

–¿Quién es Francisco Muñagorri? –pregunta.

–Es Paco, uno de mis socios. Él puede ser el abogado del cliente extranjero y tener una cita en Madrid con Gutiérrez.

–¿Cree que va a funcionar?

–Hay que probarlo.

Lola llama a la agencia en Madrid y explica a Paco su plan.

–Mañana tienes tu anuncio en El País y en ABC (29).

–Y también en La Vanguardia (30).

–De acuerdo. Oye, he ido a la oficina de la calle López de Hoyos, la oficina de Fincabrava. Ya no existe. Se han ido.

–Claro..., normal. ¿Hay algo nuevo en la oficina? –pregunta Lola.

–No, nada. Todo va bien.

–¿Algún cliente nuevo?

–Ah, sí, es verdad..., una empresa que fabrica chocolate. El jefe de márketing cree que hay espionaje industrial. Otra empresa ha copiado la receta de sus bombones de licor.

– ¡Qué buen cliente! Estás contento, ¿no?

–Mucho.

A Paco las dos cosas que más le gustan son enamorarse y el chocolate.

18

Lola no sabe qué hacer. ¿Qué hay que buscar? ¿Dónde buscar? Es un caso difícil. Hay que esperar un poco, un par de días.

El miércoles y el jueves Lola va a la playa, juega con Max, el hijo de Elisa, come especialidades catalanas , duerme la siesta... Por la noche se queda en el restaurante escuchando el piano de Ingvar. Cuando Elisa y su marido terminan de trabajar, y todos los clientes se han ido, toman una copa. Recuerdan la época de la Universidad, los amigos, las fiestas, las reuniones políticas, las manifestaciones antifranquistas... (31). A veces Nilsson se queda con ellos. También él está bien en «Calelisa». Se ha hecho muy amigo de Ingvar. Los dos hablan de música y de cine y han decidido que algún día van a ir juntos a pescar.

19

Esta noche es un poco especial: es 23 de junio y mañana es San Juan (32). En la calle suenan ya los petardos. Max, busca muebles viejos y cosas para quemar. Ha encontrado una silla de madera y, con un amigo, la lleva a la calle. Elisa lo ve.

–Max, ¿a dónde vas con esa silla? – dice Elisa a su hijo.

–Es muy vieja, mamá.

–¿Y...?

–No..., he pensado que... Para el fuego... Puedo quemar-la, ¿no? Es tan vieja... No vale nada...

–¿Cómo? ¿Qué dices...? ¡Mi silla preferida! La compré en un anticuario... No es vieja, es antigua... Y vale mucho dinero. ¡Max...!

Pero Max sale corriendo sin más explicaciones.

Nilsson y Lola están en la terraza.

–¿Qué pasa? –pregunta Lola.

–Nada, mi hijo que quiere quemarnos los muebles.

Muchos niños pasan por la calle, excitados, con cosas viejas y maderas.

Es una noche mágica: la luna llena sobre el mar y las hogueras de San Juan en la playa. Después de la cena los cuatro amigos se toman una botella de cava (33). De pronto Elisa dice:

–¡La mesita! Ingvar, ¿tú has visto mi mesita antigua? La que está normalmente ahí... La que compramos en Francia...

–No, no sé dónde está –responde Ingvar.

Elisa mira las hogueras de la playa horrorizada.

–¡Maaaaaaaaax! ¡Mi mesita!

20

El sábado por la mañana hay buenas noticias: han llegado tres «faxes» a la agencia de detectives en Madrid. Tres empresas constructoras ofrecen casas «preciosas y muy baratas» en la Costa Brava. Paco y Miguel llaman a Lola para explicárselo.

–Son tres empresas diferentes. Se llaman: "Bravainmo", "Conssol", "Tocho Construcciones S.A.". En Gerona puedes buscar más información. Yo voy a llamar por teléfono, ¿de acuerdo?

–O.K.

fax : 3 hojas incluida ésta
_de_ : BRAVAINMO
tel. (91) 3454551
fax. (91) 6755589
para: **Francisco Muñagorri**

Madrid, 22 de junio

Muy Sres. nuestros:

En respuesta a su anuncio del 21 de junio, les adjuntamos información sobre las casas que estamos construyendo en la Costa Brava. Su situación y su precio hacen de esta promoción una inversión inmejorable que sin duda

21

En la comida Lola explica lo de los «faxes».

–¿Podemos llamar hoy a vuestro amigo, el de Playa de Aro, el constructor? –le pregunta a Elisa.

–Sí, claro, a Manolo Vallés. Él conoce todas las empresas constructoras.

Hablan con Vallés después de comer. Y ahora saben que "Bravinmo" es la empresa que buscan. "Tocho Construcciones" y "Conssol" son dos constructoras conocidas y serias. En cambio, de Bravinmo, Manolo Vallés, el amigo de Elisa nunca ha oído hablar. Cree que no existe.

Lola llama enseguida a Paco.

–Paco, tienes que ir a la oficina de "Bravinmo". Pueden ser ellos, los estafadores. Tienes que tener una cita. Vas a verlos y les dices que tu cliente quiere visitar las casas en Tossa. A ver qué dicen:

–¿Y si aceptan?

–Perfecto. Yo tengo un cliente –Lola piensa en Ingvar–. Seguro que quiere ayudarles y ser el falso «cliente».

22

El lunes Paco y Miguel salen de su oficina a las diez. Tienen una cita en "Bravinmo" a las once. Llevan trajes oscuros y corbatas de seda. Parecen dos auténticos abogados.

Toman un taxi en la calle Alcalá y van a la calle

Velázquez, 142. Allí, en una oficina moderna, les recibe el Sr. Alarcón. Es como un verdadero vendedor de casas.

Habla todo el tiempo y es demasiado amable. Pero está un poco nervioso. Seguramente no le gusta hablar con abogados. Prefiere turistas que no conocen las leyes españolas... En la oficina no hay nadie más. El Sr. Alarcón dice que tiene, en la Costa Brava, unas casas fantásticas, muy baratas y con vistas al mar, garaje, piscina... Todo... A Paco le gusta hacer teatro y le dice:

–Muy interesante, muy interesante... A nuestro cliente le va a gustar esto... Va a comprar cinco o seis casas. A mí también me interesa. Quizá yo también voy a invertir algo... Tengo un dinero «negro» (34)... No hay problema, ¿verdad?

La cara de Alarcón se anima. Oye hablar de «dinero negro». Estos abogados no son peligrosos, piensa.

–Por nosotros, ningún problema. Nada. El dinero es el dinero... –dice con una gran sonrisa.

Seguramente nuestro cliente va a querer firmar pronto. El jueves o el viernes puede estar en España.

–Perfecto... –responde Alarcón.

–Pero va a querer visitar las casas –dice Paco.

La cara de Alarcón ahora no es tan feliz.

–Sí, claro, claro, es normal...

Acuerdan una cita el viernes en Playa de Aro, para ver las casas. Quedan en el Hotel Cap Roig.

Paco y Miguel salen de la oficina pero se quedan en la escalera y se esconden.

23

Alarcón sale unos minutos después. Entonces, los socios de Lola vuelven a entrar en la oficina con una llave especial... Miran por todas partes y encuentran algunas cosas bastante interesantes: cinco pasaportes diferentes, con nombres diferentes. Pero la foto es siempre la misma: la de Alarcón.

En un cajón, hay cinco millones de pesetas, dos pistolas y una bolsa de cocaína.

–Son peligrosos... –dice Miguel.

De pronto, se oye un ruido en la puerta y alguien entra.

Paco y Miguel se esconden detrás de un mueble. El hombre que ha entrado busca algo. No es Alarcón. Es bajito, calvo y lleva una chaqueta de cuero negra. Abre cajones de los muebles hasta encontrar la cocaína. Toma la bolsa y escribe una nota. Mientras, Miguel le hace una foto con una cámara japonesa de 3 cm., como las de James Bond. Cuando el hombre se va, Paco y Miguel leen la nota:

Carlitos:

Malas noticias. Nilsson, un viejo cliente nuestro, está en Tossa con una detective, Lola Lago. Los he visto.

Conozco a la Lago y es peligrosa. Demasiado inteligente. Pero en el mar hay muchos accidentes, ¿no crees? Me voy a la costa. Llevo un poco de «harina» (35) para los chicos.

Jimmy

–¡Dios mío! Hay que llamar rápido a Lola. Esto es muy peligroso –dice Miguel–. Quieren matarla...

–Sí, eso parece. Nos vamos.

–¿A la costa?

–Sí, también nosotros necesitamos «unas pequeñas vacaciones...».

Antes de salir, coge uno de los pasaportes falsos.

24

Paco y Miguel van a su oficina y desde allí llaman a Lola. Pero Lola no está en el hotel. Ha ido a dar un paseo con Nilsson, que está un poco triste.

–¿Tú eres Elisa, la amiga de Lola? –pregunta Miguel.

–Sí, soy yo.

–Pues dile a Lola que vamos a Tossa. Lola no puede salir de casa. Los de "Bravinmo" son muy peligrosos. Hasta pronto.

–¿Oye, pero qué pasa...?

Pero Miguel ya ha colgado el teléfono. Él y Paco quieren tomar el primer avión a Barcelona.

Cuando Lola y Nilsson llegan al hotel encuentran a Elisa muy nerviosa. Ingvar también está muy preocupado.

Les explican la extraña llamada de Paco y Miguel.

–Lola, pasa algo grave. Tus socios están, muy, muy preocupados.

–Bah... Tonterías. Son un poco exagerados. ¿Qué puede pasar?

25

Lola no está nada preocupada. Quiere ir a la playa y darse un baño. No dice nada a sus amigos y se va. Nilsson la ve salir sola y sale él detrás. La sigue a unos treinta metros. Lola no lo ha visto.

Unos minutos despúes Lola está en la playa. No hace sol y hay muy poca gente. Lee una novela policíaca, se pone crema, mira el mar. Está contenta.

Se levanta y va al agua. «Está un poco fría», piensa, pero se baña. Luego, todo pasa muy rápido. Un hombre calvo y bajito está detrás de Lola, muy cerca. Nilsson lo ve desde lejos y piensa que pasa algo raro. Sale corriendo hacia el agua. No lleva bañador, va vestido, pero no importa. Se tira al agua justo a tiempo. El hombre coge a Lola y quiere matarla, ahogarla. Pero Nilsson es mucho más fuerte. Le da un golpe y el bajito se cae y traga agua. Al final sale del mar corriendo. Nilsson ha podido verle bien. Lo conoce: es Gutiérrez, el falso vendedor.

Nilsson saca a Lola en brazos hasta la playa. Pide ayuda y rápidamente viene un médico. Mucha gente se ha acercado a ver qué pasa.

26

Lola está en la arena, blanca como un papel (36) y tiene mucha tos.

–¡Qué mala es el agua de mar! Buagggggg... –dice finalmente y sonríe a Nilsson.

–Gracias –dice también.

Nilsson está un poco nervioso. Pero se siente feliz: se siente joven y fuerte.

Sonríe también y le coge la mano a Lola.

El médico dice que Lola está bien y pregunta qué le ha pasado.

–Nada, no sé, nada, me he mareado. He comido mucho esta mañana y, claro, con el agua fría... –dice Lola. No quiere informar todavía a la policía.

–Vamos al hotel. Quizá ya han llegado Paco y Miguel. Ellos tienen razón: los de "Bravinmo" son peligrosos —dice a Nilsson.

Empiezan a subir hacia el restaurante de Elisa.

–Magnus... –empieza a decir Lola.

–Sí...

–No ha sido una casualidad. Me ha seguido usted, ¿no?

–Sí, es que a mí también me gustaría ser detective –dice Magnus.

Los dos se ríen y siguen subiendo lentamente hasta «Calelisa».

27

Paco y Miguel ya están en «Calelisa». Están sentados en la terraza tomando unas cervezas.

–Magnus, éstos son mis socios, Paco y Miguel.

–Encantado.

–Mucho gusto.

Luego, Lola y Nilsson explican la historia de la playa.

Paco saca de su bolsillo un sobre.

—¿Es éste? —les pregunta enseñando una foto.

—Sí —responden los dos al mismo tiempo.

—Es Gutiérrez. Estoy seguro —dice Nilsson.

Luego le enseña a Nilsson uno de los pasaportes de Alarcón.

—También lo conozco. Éste es Pijuán, el falso notario.

—Pues ahora se llama Alarcón — explica Paco.

—Bueno, pues el trabajo está casi terminado —dice Miguel—. El viernes van a estar aquí, en la Costa Brava. Vamos a tener una reunión con ellos.

—Con ellos y con la Policía —dice Lola—. Ahora ya tenemos la información necesaria para hablar con la Policía.

28

El viernes en el hotel Cap Roig de Playa de Aro hay tres coches de policía escondidos detrás de los árboles. En una mesa del bar, Paco, Miguel e Ingvar esperan a los mafiosos. Ingvar va a ser el falso «cliente» extranjero que quiere invertir en España. Está feliz con su papel. Elisa, Lola y Nilsson están también allí. No han querido perderse el final y están escondidos detrás de unas plantas.

A las once llegan Gutiérrez, muy elegante ahora, Alarcón–Pijuán y una mujer. Llevan documentos y planos. Se sientan con los socios de Lola y piden unos cafés. La policía actúa muy rápido. Dos agentes se acercan a la mesa y dicen la frase clásica:

–Quedan detenidos (37).

Otros agentes rodean la sala.

La mujer quiere salir corriendo pero Elisa es más rápida. Sale de detrás de la planta y la coge de la chaqueta. Las dos se caen al suelo. Lola dice:

–¡Dios mío! También Elisa quiere ser detective...

29

Al día siguiente están ya todos más tranquilos. Elisa ha preparado una comida especial. Es el plato más típico de la cocina de Tossa: «simitomba» (38). Es pescado con patatas y mucho ajo y aceite. Huele muy bien. Elisa es una muy buena cocinera.

Max se ha hecho muy amigo de Miguel.

–¿Me vas a enseñar a ser detective? –le pregunta.

–Sí, claro –responde Miguel–. No es muy difícil.

Paco ha ligado con una turista italiana guapísima, que está en el hotel. Nilsson llega un poco más tarde. Parece feliz.

–Lola, Lola... ¡Ya tengo casa en Tossa! Puedo jubilarme y quedarme aquí, y...

–¡Oh, no! Ha comprado otra casa...

–No, todavía no. Pero voy a hacerlo.

Nilsson explica que le ha tocado la lotería. Compró hace unos días un número en Barcelona, en el aeropuerto, después de conocer a Lola.

–Usted me trae suerte, Lola.

Lola mira sus ojos grises. Ya no están tristes.

30

En la comida están todos muy contentos. Todo está buenísimo y comen mucho. Los españoles hablan fuerte y todos al mismo tiempo.

–¿Seguro que quiere vivir aquí? –le pregunta Lola a Nilsson.

–Sí, una parte del año, por lo menos. ¿Por qué?

–Los españoles hablamos mucho...

Magnus Nilsson se ríe.

–¡Qué pena! –dice, al final de la comida, Lola a Paco.

–¿Cómo?

–Que tenemos que volver a Madrid...

–Bueno, yo he pensado que... Como no tenemos mucho trabajo...Y Sofia... –empieza a decir Paco.

–¿Quién es Sofia?

–Ah, no lo sabes.

–No, no lo sé pero me imagino: el amor de tu vida.

–Exacto.

–¿De dónde es?

–Italiana, de Bolonia...

–Paco... Mañana a las nueve en la oficina. ¿O.K.? Le dices a Sofia que Madrid es también muy interesante: el Museo del Prado, El Escorial, la Fundación Thyssen... (39)

–Sí, nena, sí...Vaaaale.

–No me llames «nena».

NOTAS EXPLICATIVAS

(1) La calle Alcalá es una céntrica calle madrileña . Allí se encuentran muchos bancos y edificios oficiales (el Banco de España, el Ministerio de Educación, etc.), oficinas, hoteles y comercios. Cruza Madrid de Este a Oeste.

(2) **Srta.** es la abreviatura escrita de **señorita**. Entre compañeros de trabajo jóvenes lo más normal es tutearse (usar «tú») y no utilizar los tratamientos **señor**, **señora**, **señorita**, etc. Por eso, Lola llama a Margarita **señorita** cuando está enfadada, para marcar distancia.

(3) Bastante gente en Madrid desayuna en un bar, al salir de casa. También, a media mañana, es frecuente hacer una pequeña pausa y tomar algo en una cafetería con los compañeros de trabajo.

(4) **El País** es el periódico más vendido en España. Tiene una línea progresista e independiente.

(5) **Nena** es una manera familiar y afectiva , pero un poco paternalista, de dirigirse a una mujer joven en situaciones de mucha confianza. Significa literalmente **niña**.

(6) En España, como en otros países, mucha gente intenta no pagar los impuestos.

(7) **No basta con ser bueno, hay que parecerlo**, es una expresión que se usa con mucha frecuencia. Significa que no es suficiente ser bueno sino que los demás deben creerlo.

(8) La **Costa Brava** es una parte de la costa catalana (en el Noroeste de España, junto a la frontera francesa). Es una zona muy turística, con paisajes y playas muy bonitos y algunos pueblos interesantes. Se considera una de las mejores zonas de vacaciones de la costa española.

(9) **Tossa de Mar** es uno de los pueblos más típicos de la Costa Brava. Para llamar en España, de una provincia a otra, se marca un código que empieza por 9 (p. ej. para Madrid el 91, para Barcelona el 93, etc.)

(10) **Joan Manuel Serrat** es un cantante catalán muy conocido en España. Canta, en catalán y en castellano, canciones propias y poemas de

escritores famosos. Una de sus canciones más conocidas es **«Mediterráneo»**.

(11) **Barajas** es el aeropuerto de Madrid.

(12) Se llaman **Puente Aéreo** los vuelos de la compañía Iberia que unen Madrid y Barcelona. Transportan fundamentalmente gente de negocios.

(13) **Iberia** es la compañía aérea oficial española. Realiza vuelos internacionales y algunos nacionales. Otra compañía oficial es **Aviaco**, que sólo vuela en el interior de España.

(14) Madrid está a unos 700 Km. de Barcelona. Para ir de Madrid a Barcelona hay que cruzar regiones con clima y altura muy variados. Por eso, el paisaje cambia mucho.

(15) Madrid y Barcelona está unidas por una autovía (de Madrid a Zaragoza) y por una autopista (de Zaragoza a Barcelona).

(16) En 1992 se celebraron en Barcelona los **Juegos Olímpicos**. Las obras que se hicieron para prepararlos significaron un gran cambio para la ciudad.

(17) **El Prat** es el aeropuerto de Barcelona. Se reformó completamente en 1992, para las Olimpíadas. Las terminales nuevas las hizo el arquitecto Ricardo Bofill.

(18) Una de las cosas más interesantes de Barcelona es su **Barrio Gótico**, es decir, el conjunto de edificios medievales y renacentistas que se encuentra alrededor de la Catedral.

(19) **Las Ramblas** es la calle más conocida de Barcelona. Es el lugar de encuentro más pintoresco de la ciudad. Siempre, de día y de noche, las Ramblas están animadas y llenas de una mezcla curiosa de gente: gente de todas las edades, de todas las nacionalidades y de todas las clases sociales. Son muy típicos los puestos de venta de flores, de animales y los quioscos.

(20) Los españoles comen mucho **marisco**. Las gambas son uno de los platos más apreciados y más caros.

(21) La cocina catalana es muy diferente de la de otras partes de España. En la costa se encuentran muchos platos con mezcla de carne y pescado, o de carne con marisco. El pollo con langosta es un buen

ejemplo. La mayor parte de salsas, como la de este plato, llevan, entre otras cosas, ajo y almendras.

(22) La mayoría de los españoles considera extraño o incorrecto quedar se callado en muchas situaciones, como por ejemplo ésta, cenando con una persona que se conoce poco. Por eso se intenta mantener la conversación todo el tiempo, porque no hablar significa práctica mente estar enfadado o tener algún problema.

(23) **S.L.** significa Sociedad Limitada y es un tipo de empresa . Hay muchas pequeñas empresas que son «Sociedad Limitada».

(24) En España, el saludo más normal entre mujeres es darse un beso en cada mejilla. También muchas mujeres se besan en las presentacio nes.

(25) **Playa de Aro** es un pueblo turístico de la Costa Brava. Hay muchas discotecas, tiendas, hoteles, etc. y es el lugar elegido por muchos jóvenes turistas para las vacaciones porque hay mucho ambiente nocturno.

(26) La manera normal de decir o escribir la dirección es en español: nombre de la calle + número + piso + puerta.

(27) La **paella** es el plato español más conocido fuera de España. Se come en todas las regiones pero hay muchas recetas distintas. Siempre es arroz con trozos pequeños de carne (pollo, conejo, etc.) o pescado y marisco o las dos cosas. También suele llevar algunas verduras (guisantes, pimientos, tomates,etc.), ajo y azafrán. Una familia espa ñola normal come paella una vez por semana, aproximadamente.

(28) Muchos niños españoles comen en la escuela porque por la tarde, hasta las cinco normalmente, hay clase.

(29) **ABC** es el periódico conservador más leído.

(30) **La Vanguardia** es un periódico que se edita en Barcelona. Es un periódico muy leído y tiene una línea conservadora -liberal.

(31) Durante el régimen de Franco, muchos estudiantes y profesores universitarios luchaban contra la dictadura y la Universidad era un foco permanente de resistencia antifranquista.

(32) La noche antes de **San Juan**, es decir, la noche del 23 de junio, se celebra en muchos lugares de España la verbena de San Juan. Es típico encender hogueras y fuegos artificiales y tirar petardos.

(33) En Cataluña se elabora una bebida con el mismo método que el champán francés. Se llama **cava**. En las fiestas (cumpleaños, verbenas, Navidad, etc.) los españoles beben cava.

(34) Se llama **dinero negro** el dinero que no se declara a las autoridades fiscales.

(35) **Harina** es uno de los nombres que recibe en «argot» la cocaína.

(36) Cuando alguien se pone muy blanco, porque se encuentra mal, se dice que está **blanco como un papel.**

(37) **Quedan detenidos** es la frase típica que se puede oír en todos las películas policíacas, la que dice la policía cuando detiene a alguien.

(38) **Simitomba** es un plato que prácticamente sólo se come en Tossa de Mar. Lleva pescado con patatas y mucho ajo.

(39) El **Museo del Prado**, **El Escorial** y la **Fundación Thyssen** son lugares de gran interés turístico. El Museo del Prado es uno de los más importantes museos de pintura del mundo. Allí se pueden ver muchas obras de Velázquez, Goya, y de los grandes maestros españoles, flamencos, italianos, etc.

El Escorial es un monasterio que mandó construir el Rey Felipe II en el s. XVI. En El Escorial están enterrados todos los reyes españoles. En la Fundación Thyssen Bornemiza se encuentra también una de las más importantes colecciones de pintura. Fue cedida por el Barón Von Thyssen al gobierno español.

¿LO HAS ENTENDIDO BIEN?

1 y 2

¿Puedes terminar estas frases?

Lola es la directora de...
Sus socios se llaman...
La agencia está en...
Margarita es...
El dossier del caso Sánchez está en...
Lola está de mal humor porque...

3

¿Verdad o mentira?

	V	M
Paco y Miguel han desayunado en un bar.	☐	☐
Lola sigue de mal humor.	☐	☐
A Lola le gusta que la llamen «nena».	☐	☐
La agencia no paga los impuestos.	☐	☐
Tienen muchos clientes.	☐	☐
Paco ha conocido a una chica holandesa.	☐	☐
Paco es gordito pero muy atractivo.	☐	☐
En la agencia no tienen mucho trabajo.	☐	☐
Paco va a hablar más tarde con Lola porque ahora ella está de mal humor.	☐	☐

4 y 5

¿Ya sabes quiénes son estos personajes? Une con flechas.

Paco	un cantante
Miguel	uno de los socios de Lola
Elisa	una amiga de Lola
Feliciano	un chico que trabaja en la agencia
Margarita	la secretaria
Sánchez	un cliente
Joan Manuel Serrat	el otro socio de Lola

6, 7, 8 , 9 y 10

En este resumen de los capítulos faltan algunas piezas importantes. Complétalo.

➤ Lola llega al aeropuerto.
➤ Allí conoce a un señor sueco, Magnus Nilsson.
➤ ....
➤ Tienen que ir a Barcelona en autobús.
➤ Llegan a Barcelona.
➤ Lola toma un taxi y se va al hotel.
➤ ....
➤ Lola va al bar del hotel a tomar algo.
➤ ....
➤ Lola y Nilsson se van a cenar juntos.

11 y 12

¿Puedes reconstruir la historia de Nilsson?

Nilsson es un señor _____, sueco, que va a jubilarse _____.   Quiere comprar _____para_____.
Un día ve el anuncio de unas casas en Tossa de Mar, en el _____ .
Tossa es _____.
Él escribe y recibe información sobre las casas. Va a Madrid, en un viaje de _____ y allí se encuentra con el gerente de "Fincabrava S.L." Paga una parte del dinero y firma el contrato. Cuando, unos meses después, decide _____, descubre que esa casa no existe. Es decir, que todo es falso. Ahora no tiene ni casa ni _____. Por eso está tan _____ y quiere _____ a Tossa.
Pero Lola va a _____.

13, 14, 15 y 16

Corrige las informaciones que no son correctas.

➤ El restaurante de Elisa es muy bonito.
➤ Está en la parte nueva del pueblo.
➤ Nilsson es un cliente de Lola.
➤ Elisa no conoce a nadie que trabaje en negocios inmobiliarios.
➤ Ingvar es guitarrista.
➤ Elisa y su familia no están contentos en Tossa.
➤ Max come todos los días en la escuela.
➤ «Calelisa» no tiene muchos clientes.
➤ A Lola le encanta la paella.

Trata de recordar todo lo que sabes de estos personajes hasta este capítulo. Quiénes son, cómo son, etc.

- Max
- Lola
- Ingvar
- Margarita

- Elisa
- Paco
- Nilsson

¿Cuáles de estas cosas forman parte del plan de Lola?

- Poner un anuncio en el periódico.
- Esperar un par de días.
- Hablar otra vez con la policía.
- Visitar la oficina donde Nilsson firmó el contrato.
- Buscar la oficina de Fincabrava en Tossa.
- Ir a Madrid para investigar.

¿Y tú? ¿Qué cees que tiene que hacer?

19

¿Cómo es la noche de San Juan? ¿Hay alguna fiesta parecida en tu país?

¿Puedes organizar por orden el resumen de estos capítulos?

- A la oficina de Lola llegan tres «faxes» con ofertas de casas.

- Alarcón dice que tiene unas casas fantásticas.

- "Bravainmo" es una empresa bastante sospechosa.

- Acuerdan una cita en la costa, en Playa de Aro, en un hotel, con el cliente, los abogados y Alarcón.

- Paco y Miguel salen de la oficina y se esconden en la escalera.

- Los socios de Lola se citan en Madrid el lunes con los de "Bravainmo".

- Hablan con Manolo Vallés, que conoce todas las constructoras de la Costa Brava.

- Van a las oficinas de "Bravinmo" y hablan con un tal Alarcón.

23 y 24

¿Verdad o mentira?

- En la oficina de "Bravainmo", Paco y Miguel encuentran cinco pasaportes falsos, todos con la foto del vendedor de casas.

- De repente una mujer entra en el despacho y Paco y Miguel se tienen que esconder.

- El hombre coge un paquete con cocaína y deja una nota escrita.

- «Creo que Lola Lago va a tener un accidente porque nos está molestando.»

- «Tenemos que avisar a Lola porque piensan asesinarla.»

- «Nosotros no nos vamos a Tossa.»

- Lola ha salido con Nilsson, que está muy contento.

25 y 26

Une con flechas, según la historia.

• Todos están preocupados por Lola	• pero se siente feliz porque ha salvado a Lola
• El agua está un poco fría	• pero ella no lo ve
• Nilsson la sigue	• pero ella sale sola
• Un hombre intenta matar a Lola	• pero Lola se baña
	• pero Nilsson la salva
• Nilsson está un poco nervioso	
• Es verdad que	• los de "Bravinmo" son peligrosos

27 y 28, 29 y 30

Señala en el texto dónde has encontrado estas informaciones

➤ Gutiérrez es el hombre que quería matar a Lola.

➤ Pronto van a solucionar «el caso Nilsson».

➤ Paco y Miguel tienen una cita con los estafadores.

➤ Elisa, Lola y Nilsson quieren ver cómo termina todo.

➤ Elisa no deja escapar a la mujer que va con los estafadores.

➤ Nilsson va a poder comprarse una casa porque ha ganado un premio.

➤ Paco no quiere volver a Madrid.